Introducción

Un aspecto importante en el proceso de toma de decisiones lo constituye el hecho de planear, programar y controlar proyectos que, por lo general, constan de numerosos trabajos o tareas separadas y que en ocasiones son llevadas a cabo por diversos departamentos, personas, etc. En lo que respecta al proceso de toma de decisiones relacionadas con la planeación, programación y control de proyectos existen técnicas específicas que permiten el mejor desarrollo de los planes con respecto a los proyectos, así como, la asignación más económica de los recursos para las actividades que lo forman, la explicación de las técnicas más utilizadas en este sentido, serán presentadas en el presente ebook.

Ante todo, es importante definir qué se entiende por proyecto.

Proyecto: *Trabajo o tarea que se debe emprender, que tiene un principio y un fin bien definidos, el cual consta de un conjunto de actividades separadas pero interrelacionadas e interdependientes, es decir entre las actividades existen relaciones de precedencia que deben respetarse, y que deben realizarse en un tiempo dado y que dan como resultado un producto único.*

Ejemplos de proyectos

- Construcción de fábricas, edificios, carreteras
- Investigación y desarrollo de nuevos productos
- Diseño e instalación de nuevos sistemas
- Producción de aeronaves, barcos, equipos de gran tamaño
- Realización de un viaje espacial

Es importante señalar que todos los proyectos, sean pequeños o grandes tienen ciertas características comunes, las cuales se relacionan a continuación:

- Un conjunto de actividades
- Una relación secuencial entre éstos
- Una preocupación por el tiempo
- Una preocupación por los recursos

Cuando se tienen proyectos que tienen un número importante de actividades, es fácil darse cuenta de la necesidad de buscar procedimientos que ayuden a contestar preguntas como las siguientes:

- ¿Cuál es el tiempo total que se requiere para terminar el proyecto?
- ¿Cuáles son las fechas programadas de inicio y de terminación de cada actividad específica?
- ¿Qué actividades son "criticas" y deben terminarse exactamente según lo programado para mantener el proyecto dentro del programa?
- Cuánto pueden demorarse las actividades "no críticas" sin afectar la duración total del proyecto.

En estas situaciones las técnicas denominadas PERT (Program Evaluation and Review Technique, o sea Técnica de evaluación y revisión de programa) y CPM (Critical Parth Method, o sea, Método de la Ruta Crítica) han demostrado ser extremadamente valiosas para ayudar en el proceso de toma de decisiones y que dan respuesta a las interrogantes anteriores.

Aunque PERT y CPM tienen el mismo propósito general y utilizan en buena medida la misma terminología, las técnicas fueron desarrolladas de manera independiente.

El método PERT surge a finales de los años 1950 para planificar, programar y controlar el proyecto de los misiles Polaris. Como mucha de las tareas o actividades relacionadas con el proyecto nunca se habían considerado antes, resultaba difícil pronosticar el tiempo necesario para terminar cada una de las actividades. Bajo estas condiciones se desarrolla la técnica conocida como PERT, que permite manejar el problema de la incertidumbre en los tiempos de terminación de cada actividad.

El método CPM se creó para desarrollar y controlar proyectos industriales en donde eran conocidos los tiempos de las tareas o actividades. Este método, además de utilizar tiempo determinista, ofrecía la posibilidad de reducir los tiempos de las actividades añadiendo trabajadores y/o recursos, por lo general con mayores costos, Es por ello que se considera el intercambio entre costo y tiempo como una característica distintiva del método CPM.

Los procedimientos modernos de programación y control de proyectos han combinado en esencia las características de CPM, y PERT y con frecuencia, las versiones computarizadas del método PERT/CPM contienen opciones para considerar la incertidumbre en los tiempos de las actividades, elemento distintivo de la técnica PERT así como el intercambio entre el costo y el tiempo de las actividades, aspecto distintivo de la técnica CPM, de manera que la diferenciación entre las dos técnicas ya no es necesaria.

Redes PERT/CPM.

La primera etapa del proceso de programación de proyectos utilizando PERT/CPM consiste en determinar las tareas o actividades específicas que conforman el proyecto, las relaciones de precedencia entre las actividades, así como los tiempos de ejecución para cada una, pero resulta importante ahora definir ¿Qué se entiende por actividad? ¿Qué se entiende por relaciones de precedencia? Y ¿Cómo pueden ser los tiempos asociados a cada una de ellas.

Actividad o tarea: Acción claramente definida que forma parte del proyecto, la cual consume tiempo y por lo general recursos.

Relaciones de precedencia: Es el orden en que deben ejecutarse las tareas, constituyen generalmente precedencias técnicas u operativamente objetivas. Si no existen relaciones de precedencia no puede ser aplicada la técnica PERT/CPM.

Tiempos de ejecución de las actividades: Es el tiempo real que consume la actividad, este puede ser conocido o desconocido. Cuando los tiempos son conocidos decimos que estamos en presencia de una red con tiempos deterministas, pero hay ocasiones en que el tiempo no es conocido y se necesita realizar una estimación, en este caso se dice que las redes son con tiempo probabilista. En este trabajo se dará una explicación detallada del tratamiento que se le debe dar en cada uno de los casos.

A continuación se presenta un ejemplo que ilustra lo planteado, considerando los tiempos deterministas.

Ejemplo1: Proceso de compra de un nuevo producto

El proceso de compra de un nuevo producto es un proceso que lleva implícito un conjunto de actividades. En la tabla que se muestra a continuación se presenta un resumen de dichas actividades así como las relaciones de precedencia entre ellas.

Actividad	Descripción	Tiempo de ejecución (días)	Predecesor o Antecesor
A	Estudio del mercado de proveedores y posibles fuentes de financiamiento	15	-
B	Elaboración de una lista de fuentes de financiamiento	2	A
C	Petición de ofertas a los posibles proveedores	5	A
D	Negociación y selección del proveedor.	4	C
E	Petición del crédito bancario para asumir la compra	1	B, D
F	Compra del producto	7	E

La segunda fase del proceso está basada en el uso de las redes para representar el proyecto. Las redes se dibujan en un formato libre, sin escalas, lo cual las hace muy apropiadas para mostrar las interrelaciones entre las actividades. Existen dos formas de representar dichas redes.

- Representando la actividad como **NODO** y donde las flechas indican las relaciones de precedencia entre las actividades. A esta forma de representar la red se le conoce como **Método de nodos.**
- Representando la actividad como **FLECHA** y los nodos indican los diferentes eventos (un evento tiene lugar cuando todas las actividades que llegan a él han terminado y no consumen tiempo ni recurso, es decir no son más que el punto de unión entre las actividades) A esta forma de representar la red se le conoce como **Método de flecha.**

A continuación se presenta la red del proyecto de compra de un nuevo producto utilizando ambas formas:

Figura 1.1 Red de proyecto de utilizando el Método de Nodos

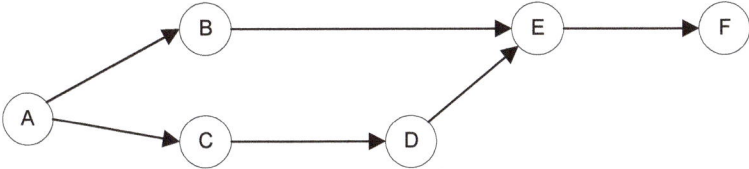

Nótese que en esta red los nodos, representados en esta ocasión por círculos, se identifican con cada una de las actividades; y las flechas, que en este caso constituyen los arcos de la red, representan las relaciones de precedencia entre actividades. Vale señalar que los nodos pueden ser representados por otras figuras geométricas como pueden ser los rectángulos, figuras ovaladas, etc.

Figura 1.2 Red de proyecto utilizando el Método de Flechas.

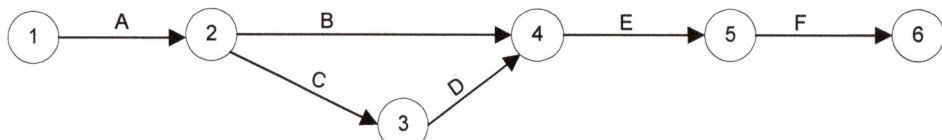

Como puede apreciarse las actividades se muestran sobre las flechas o arcos de la red y los círculos o nodos se corresponden con el inicio y la terminación de las actividades (los eventos). En este tipo de diagrama suelen también identificarse las actividades por el par ordenado formado por los números iníciales y finales de los nodos, quedando de la forma siguiente:

Actividad	Par ordenado
A	(1.2)
B	(2,4)
C	(2,3)
D	(3,4)
E	(4,5)
F	(5,6)

La selección de uno u otro método depende de las preferencias personales. Cualquiera de las dos formas pueden utilizarse indistintamente para aplicar la técnica PERT/CPM.

En el caso de las redes representadas por el método de flechas es importante destacar que pueden presentarse dos situaciones que requieran del uso de actividades ficticias:

- Un mismo par ordenado identifique a dos actividades diferentes.
- Para respetar las relaciones de precedencia

A continuación se presentan dos ejemplos donde se muestran las situaciones antes mencionadas:

Ejemplo 2. En la siguiente tabla se muestran las actividades que forman un proyecto y sus relaciones de precedencia.

Actividades	Antecesor
A	-
B	A
C	A
D	A
E	B,C
F	D,E

Figura 2.1. Red del proyecto utilizando el método de Flechas

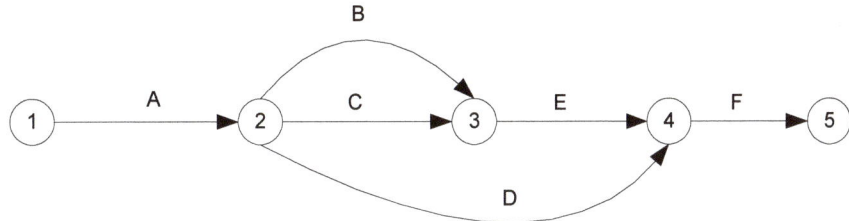

Si identificamos las actividades por los números iníciales y finales de los nodos o eventos tenemos que:

Actividad	Par ordenado
A	(1,2)
B	**(2,3)**
C	**(2,3)**
D	(2,4)
E	(3,4)
F	(4,5)

Las actividades B y C están identificadas por un mismo par ordenado, ambas comienzan y terminan en los mismos nodos o eventos, es decir el par ordenado (2,3) identifica tanto a la actividad B como a la actividad C. En este caso es necesario hacerle una adecuación al grafo o red para que esto no ocurra, para ello se introduce una actividad ficticia, cuyo objetivo, es eliminar la duplicidad y proporcionar pares ordenados únicos para cada actividad, la forma de introducirla es agregando un nuevo nodo donde termina una de las actividades, como se muestra en la figura 2.2. La actividades ficticias la cual como su nombre lo indican no son actividades reales, por lo que no consumen tiempo ni recurso, por tanto se le asignan tiempo cero y suele representarse en el grafo por líneas discontinuas

Figura 2.2. Red del proyecto del ejemplo 2, por el método de flechas utilizando actividades ficticias.

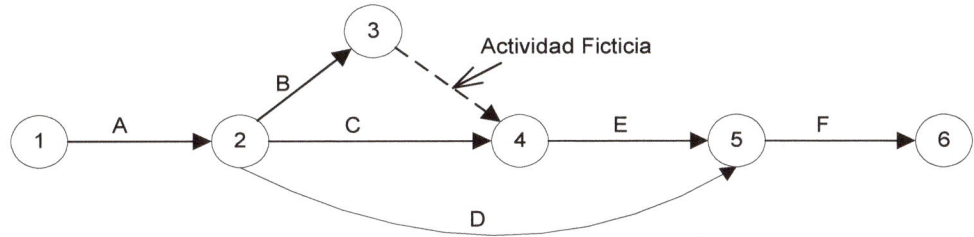

Ejemplo 3: En la siguiente tabla se presentan las actividades que forman un proyecto con sus respectivos antecedentes.

Actividades	Antecedentes
A	-

B	-
C	B
D	A,C
E	C

Figura 3.1. Red del proyecto utilizando el método de flechas

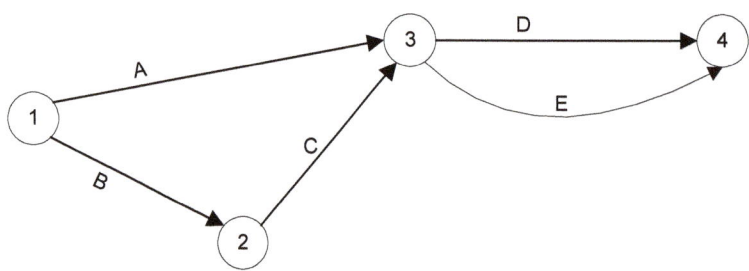

Observe en el gráfico que cuando intentamos añadir la actividad E se presentan dos problemas, En primer lugar cuando se añade la actividad E comenzando por el nodo 3 que es el final de la actividad C se incumple con las relaciones de precedencia, pues la actividad A se convierte también en antecedente inmediato de E, lo cual es incorrecto. En segundo lugar, vuelve a presentarse la situación que fue analizada en el ejemplo anterior relacionada con la duplicidad de actividades para un mismo par ordenado, el par ordenado (3,4) identifica a las actividades D y E. Para evitar estos problemas se añaden una actividad ficticia (3,4) cuyo objetivo es respetar las relaciones de precedencia y a la vez elimina la duplicidad, tal como se muestra en la figura 3.2.

Figura 3.2. Red del proyecto del ejemplo 3 por el método de flechas utilizando actividades ficticias.

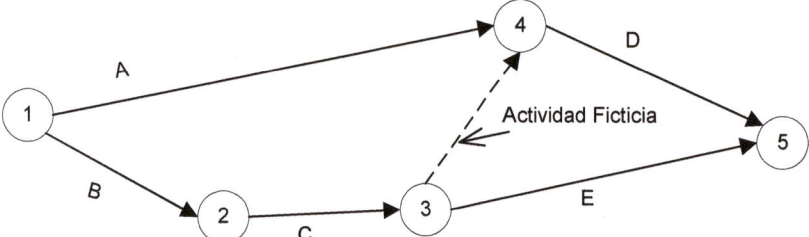

Si bien, las actividades ficticias son necesarias, cuando se presentan las situaciones descritas anteriormente, en las redes representas por el **método de flechas,** hay autores que las utilizan en las redes representadas por el **método de nodos,** cuando existen más de una actividad inicial y/o más de una actividad final, únicamente con el objetivo de conectar la red con un único vértice (nodo) de entrada y un único vértice (nodo) de salida. Por supuesto el empleo de actividades ficticias en este tipo de diagrama es opcional. Esta situación se puede ilustrar con el ejemplo 3.

Es importante destacar que aunque es posible que no se requieran actividades ficticias para todas las redes PERT/CPM, los proyectos más grandes o más complejos, cuando se representan las redes por el método de Flechas, pueden requerir de un número considerable de actividades ficticias para poder esquematizar o trazar en forma apropiada la red.

Figura 3.3. Red del ejemplo 3 por el método de nodos utilizando actividades ficticias.

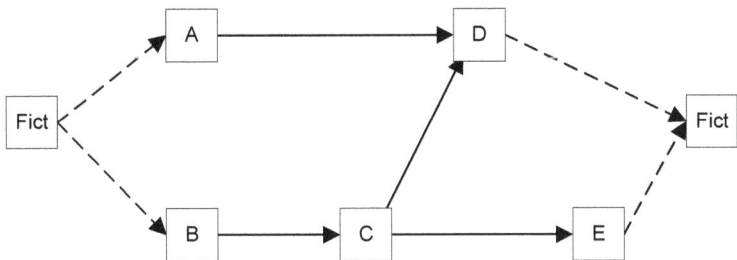

Una vez que se tiene la red y los tiempos de las actividades del proyecto, es posible proceder a realizar los cálculos para determinar el tiempo de duración total que se requiere para terminar el proyecto. Para ello será necesario analizar la red e identificar lo que se denomina **ruta crítica**. Se considera una ruta a la secuencia o sucesión de actividades que conducen desde el nodo inicial hasta el nodo terminal. Por ejemplo en la red de la figura 1.1, existen dos rutas que conectan las actividades desde el nodo inicial hasta el nodo terminal, estas son:

- Ruta definida por la secuencia A-B-E-F.
- Ruta definida por la secuencia A-C-D-E-F.

Como ya ha sido planteado de todas las rutas que posee una red solo nos interesan la(s) ruta(s) crítica(s)

La **ruta(s) critica**, se define como la ruta o camino de valor máximo de la red (la ruta más larga), al ser el resto de las rutas de menor duración es, precisamente, ella quien define la duración total del proyecto. La ruta critica esta formada por las actividades críticas, las cuales presentan singular importancia pues si se retrasan esto implica un retraso en la duración total del proyecto. Toda red posee al menos una ruta crítica.

Es importante destacar que si las personas encargadas de administrar el proyecto desean reducir el tiempo total de duración, tendrían que reducir la longitud de la ruta crítica, disminuyendo la duración de las actividades que se encuentran en ellas. A continuación se presenta el algoritmo que permite determinar la ruta crítica.

El algoritmo se basa en los conceptos de:

1. Calendario Temprano.
2. Calendario Tardío.
3. Holgura.
4. Ruta Crítica.

Calendario temprano: Lo componen los comienzos y terminación más temprano que pueden tener las actividades. y se calcula de la forma siguiente:

PC_j: Primer comienzo de la actividad j
PT_i: Primera terminación de la activdad i
D_j: Tiempo de duración de la actividad j

Primer comienzo: Es lo más temprano que puede comenzar una actividad dada.. Se determina de la forma siguiente.

Para las actividades sin antecesores, o sea las iníciales de la red.

$$PC_i = 0$$

Para las actividades con antecesores, es la más tardía de las primeras terminaciones de todas las actividades que la anteceden. Se determina de la forma siguiente:

$$PCJ = Max.\ PTi \quad \text{(para todas las i antecesoras)}$$

Primera terminación: Es lo más pronto que puede terminar una actividad. Se determina por su primer comienzo y su duración de la forma siguiente:

$$PTj = PCj + Dj$$

Calendario Tardío: Lo componen los comienzos y terminación más tarde que pueden tener las actividades y se calcula de la forma siguiente:

Notación a utilizar.

UC_j : Último comienzo de la actividad j
UT_j : Última terminación de la activdad j
D_j : Duración de la actividad j

Última Terminación: Es lo más tarde que puede terminar una actividad dada sin afectar la duración toral del proyecto. Se determina del modo siguiente:
Para las actividades sin sucesores, o sea las finales de la red

$$UT_i = PT_i$$

Para las actividades con sucesores, es el más temprano de los primeros comienzos de todas las actividades que la suceden. Se determina de la forma siguiente:

$$UC_J = Min\ UC_k \quad \text{(para todas las k sucesoras)}$$

Último comienzo: Es lo más tarde que puede comenzar una actividad dada sin afectar la duración total del proyecto. Se determina por sus últimas terminaciones y su duración de la forma siguiente:

$$UC_i = UT_i - D_i$$

Holgura: Es la posibilidad que tienen las actividades de retrasarse sin que se afecte la duración total del proyecto. Existen dos tipos de holguras, la holgura total y la holgura libre.

Notación a utilizar:

HT_j: Holgura Total de actividad j.
HL_j: Holgura libre de la actividad j

Holgura total: Se determina mediante la diferencia entre los calendarios tardío y temprano para cada actividad, de la forma siguiente:

$$(HT_j = UC_j - PC_j) \ \text{ó} \ (HT_j = UT_j - PT_j)$$

Holgura libre: Es el tiempo de retraso de una actividad de modo tal que no se afecten los primeros comienzos de sus sucesores o consecuentes. Se determina de la forma siguiente:

$$HL_j = MIN \ \{ PC_k - PT_j \} \qquad k > j \qquad \forall \ k - \text{consecuente}$$

Con relación a las holguras es importante destacar que **puede existir holgura total sin que exista holgura libre, pero siempre que exista holgura libre va a existir holgura total.**

Ruta Crítica (RC): Es aquella que como se dijo anteriormente tienen duración máxima y está formada por actividades críticas, se consideran actividades críticas aquellas en las cuales la holgura es cero, es decir sólo tiene una posibilidad de comienzo y terminación, y por tanto no admiten retraso en su fecha de ejecución pues sus calendarios tempranos y tardíos coinciden, de retrasarse en fecha alguna de estas actividades la duración total del proyecto se vería afectada.

Es importante destacar que pueden existir más rutas en la red formada por actividades críticas, pero estas sólo constituyen Ruta(s) Crítica(s) si tienen duración máxima, es decir sí la suma de todas las duraciones de las actividades que la forman coinciden con el tiempo total de ejecución del proyecto.

A continuación y a modo de ejemplo se muestra una actividad denotada por A donde se señalan el lugar que ocupa cada notación del algoritmo.

Considerando la actividad como nodo

Considerando la actividad como flecha.

En el diagrama de flechas la información relacionada con las holguras no es usual indicarla sobre la red, por lo que recomendamos realizar su cálculo y reflejarlo en una tabla adicional.
En el ejemplo que se muestra a continuación se ilustra la aplicación del algoritmo.

Ejemplo 4: En la siguiente tabla se muestran las actividades de un proyecto con su duración expresadas en días y las relaciones de precedencia y se pide que determine la ruta(s) crítica(s), así como el tiempo total de ejecución del proyecto.

Actividad	Duración	Antecesor
A	1	-
B	2	A
C	3	A
D	3	B
E	4	B,C,D
F	2	D, E

Se comienza construyendo el diagrama, utilizaremos en este caso el **DIAGRAMA DE NODOS**, se comienza por la actividad inicial de la red, que en este caso lo constituye la actividad A, pues no tiene antecesor. A continuación se van colocando el resto de las actividades teniendo presente la relación de precedencia que existe entre las actividades. En esta red la actividad F constituye la actividad final pues como se aprecia en la tabla no tiene sucesor.

Figura 4.1

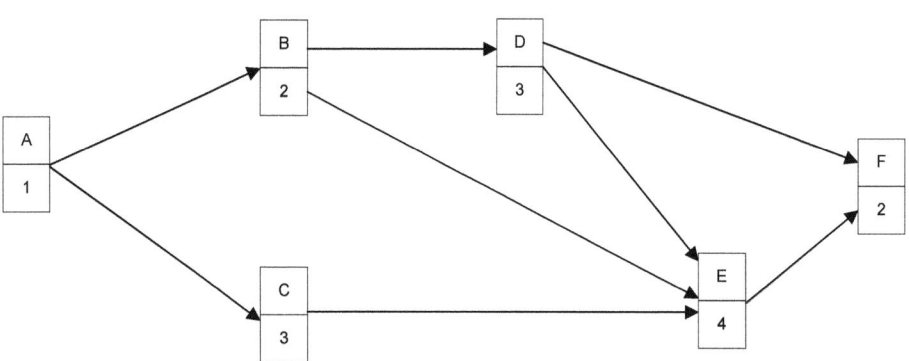

En cada nodo (actividad) se coloca su denominación y duración.
Es importante señalar para indicar las relaciones de precedencia pueden utilizarse tanto los antecesores o predecesores de las actividades como los sucesores o consecuentes. Partiendo de cualquiera de las dos informaciones se puede construir la red del proyecto. En el caso que se utilicen los antecesores, como en el ejemplo que se está analizando, resulta conveniente verificar a partir de los datos iníciales cuáles serían los sucesores de las actividades para que una vez que se ha construido la red, comprobar que no se ha quedado ninguna actividad sin incluir en la misma y que cumple exactamente con las relaciones de precedencia establecidas.

A continuación se muestran los sucesores o consecuente de las actividades del ejemplo anterior

Actividad	Antecesores o Predecesores	Sucesores o Consecuentes
A	-	B,C
B	A	D,E
C	A	E
D	B	E,F
E	B,C,D	F
F	D, E	

Una vez construida la red se procede a aplicar el algoritmo para la determinación de la Ruta Crítica.

Paso 1: Determinación del calendario temprano para cada actividad a través de las expresiones matemáticas utilizadas para su cálculo

Se comienza por la actividad A que por ser actividad inicial su primer comienzo es cero, es decir, $PC = 0$.

Figura 4.2

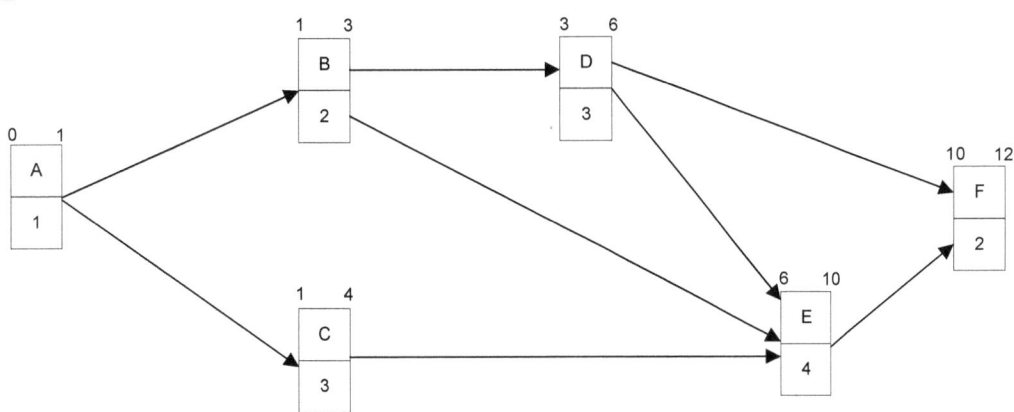

Nótese que la actividad E no puede comenzar hasta tanto no termine la actividad D que es de todas sus antecesoras la que más tarde termina, lo mismo ocurre con la actividad F.

Paso 2 Determinación del calendario tardío para cada actividad a través de las expresiones matemáticas utilizadas para su cálculo.

Es importante destacar que para el cálculo de este calendario se comienza en sentido contrario, es decir desde el nodo final hasta el nodo inicial, es por ello que comenzamos el cálculo por la actividad F que por ser actividad final su última terminación es igual a su primera terminación.

Figura 4.3

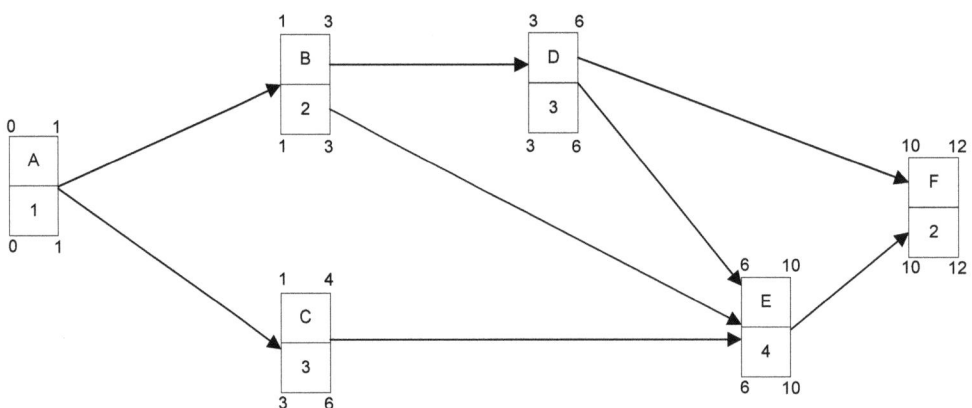

Nótese que la última terminación de D es 6 la cual coincide con el ultimo comienzo de E, que es de sus sucesores el que mas temprano puede comenzar entre E y F que son los sucesores de D.

Paso 3: Cálculo de la holgura para cada actividad. Es importante destacar que hay dos tipos de holguras, la holgura total que es la diferencia entre un calendario y otro, y la holgura libre que es la diferencia entre el mínimo de los primeros comienzos de los consecuentes de la actividad dada y su primera terminación.

Recuerde que una actividad dada puede tener holgura total y no tener holgura libre, pero lo que no puede pasar es que tenga holgura libre y no tenga holgura total.

Figura 4.4

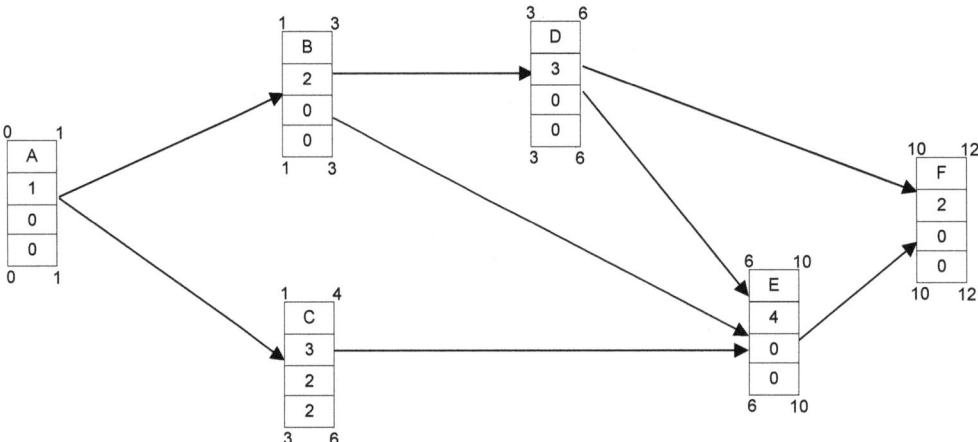

Quedaría por determinar **la Ruta Crítica y el valor total del proyecto.**

El valor total de este proyecto es de 12 días, que es la fecha de terminación, tanto temprana como tardía de la actividad final. En caso que en la red hubiera más de una actividad final, es importante destacar que cuando se va a determinar la última terminación de las actividades finales se toma la mayor y a partir de ese valor se continúa calculando el calendario tardío.

Como puede apreciarse la única actividad que tiene holgura total y holgura libre es la C, por tanto el resto de las actividades son actividades críticas. De ahí que en esta red existen tres rutas formadas por actividades críticas, es decir tres caminos críticos, las cuales se muestran a continuación:

A-B-E-F
A-B-D-F
A-B-D-E-F

Cabría entonces preguntarse **¿las tres rutas constituyen rutas críticas?**

Para dar respuesta a la pregunta tenemos que partir del concepto de ruta crítica como aquella ruta formada por actividades críticas, pero de máxima duración. Verifiquemos en cuál o cuáles de las rutas antes mencionadas se cumple que la suma de sus duraciones sea igual a 12 días que es la duración total de este proyecto.

A-B-E-F $\Longrightarrow$ 1+2+4+2 = 9
A-B-D-F $\Longrightarrow$ 1+2+3+2 = 8
A-B-D-E-F $\Longrightarrow$ 1+2+3+4+2 = 12.

Como puede apreciarse de los tres caminos críticos solo la ruta A-B-D-E-F constituye **Ruta Crítica.**

Poniendo toda la información en forma tabular se obtiene el programa de actividades tal y como se muestra en la tabla No. 1.

Tabla No 1: Programación de actividades para el proyecto del ejemplo 4.

Actividad	Primer Comienzo (PC)	Primera Terminación (PT)	Último comienzo (UC)	Última terminación (UT)	Holgura Total (HT)	Holgura Libre (HL)	¿Actividades de la Ruta crítica?
A	0	1	0	1	0	0	Si
B	1	3	1	3	0	0	Si
C	1	4	3	6	2	2	No
D	3	6	3	6	0	0	Si
E	6	10	6	10	0	0	Si
F	10	12	10	12	0	0	Si

Como se expresó con anterioridad en el proceso de toma de decisiones se buscan procedimientos que permitan resolver muchas interrogantes relacionadas con la planeación, programación y control de proyectos y que constituyen aspectos vitales en la administración de los mismos. Veremos ahora la respuesta a muchas de esas interrogantes una vez que se obtienen los resultados de aplicar el algoritmo para la determinación de la ruta crítica en redes PERT/CPM del ejemplo NO. 4

1. ¿Cuál es el tiempo total para terminar el proyecto?: El proyecto puede finalizar en 12 días, si se determinan cada una de las actividades según lo programado.
2. ¿Cuáles son los tiempos de inicio y terminación de cada actividad?: En la programación de las actividades reflejadas en la tabla No 1 aparecen reflejados los tiempos de inicio y terminación tempranos y tardíos para cada una de las actividades.
3. ¿Qué actividades son críticas y deben finalizar exactamente según lo programado para que no se afecte la duración total del proyecto? Las actividades A,B, D,E Y F que no tienen holgura.
4. ¿Cuánto pueden demorar las actividades no críticas antes de que ocasionen retrasos en la duración del proyecto?: La única actividad que no es crítica es la actividad C que tiene una holgura de 2 días y es, precisamente, ese el tiempo que puede demorarse sin que se afecte la duración total del proyecto, quiere esto decir que el máximo de retraso que puede tener una actividad sin afectar el tiempo total de ejecución es el valor de su holgura total.

A continuación presentamos un ejemplo para realizar el cálculo de la Ruta crítica, pero utilizando un diagrama de flechas.

Ejemplo 5: En la siguiente tabla se muestran las actividades de un proyecto con su duración expresadas en días y se pide que determine la ruta(s) crítica(s), así como el tiempo total de ejecución del proyecto.

Actividad	Duración	Antecesor
A	2	-
B	6	A
C	4	A
D	8	A
E	3	B,C,D

Para representar la red del proyecto utilizaremos el diagrama de flechas. Nótese que la actividad E no puede comenzar hasta tanto no terminen las actividades B, C y D, lo cual hace necesario que para que se cumpla con el principio de que a cada par ordenado le corresponda con una sola actividad se hace necesario incluir dos actividades ficticias. En la siguiente tabla se muestra como quedaría organizada la información con las actividades ficticias incluidas.

Actividad	Duración
A (1,2)	2
B (2,3)	6
C (2,5)	4
D (2,4)	8
(3,5)	0
(4,5)	0
E (5,6))	3

Recuerde que las actividades ficticias no consumen tiempo, ni recurso, es por ello que en la tabla en el escaque correspondiente a la duración aparece cero

Paso 1: Se Comienza construyendo la red utilizando el método de **FLECHAS** y ubicando en la misma las actividades y su duración.

Figura 5.1

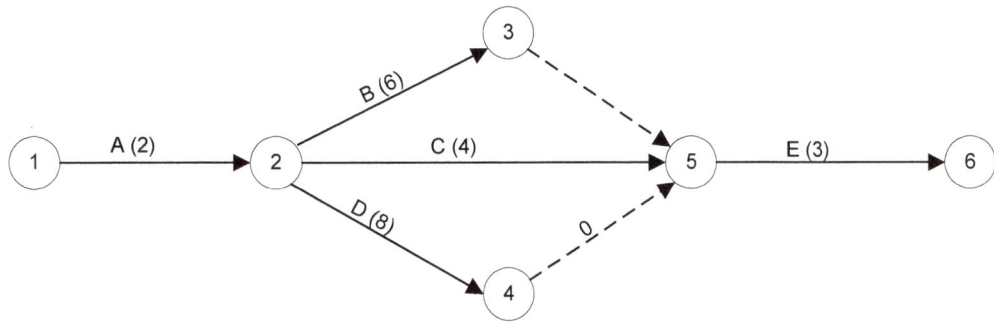

Paso 2: Se pasa a determinar el Calendario Temprano, es decir las fechas de inicio y terminación más tempranas

Figura 5.2

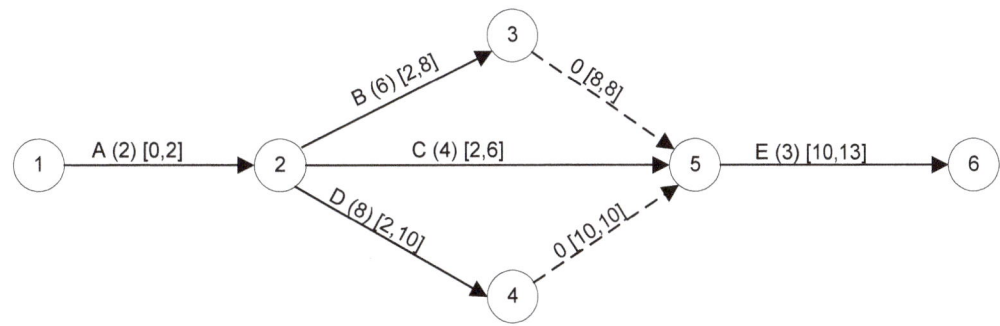

Paso 3: Determinación del Calendario Tardío, es decir las fechas de inicio y terminación mas lejanas.

Figura 5.3

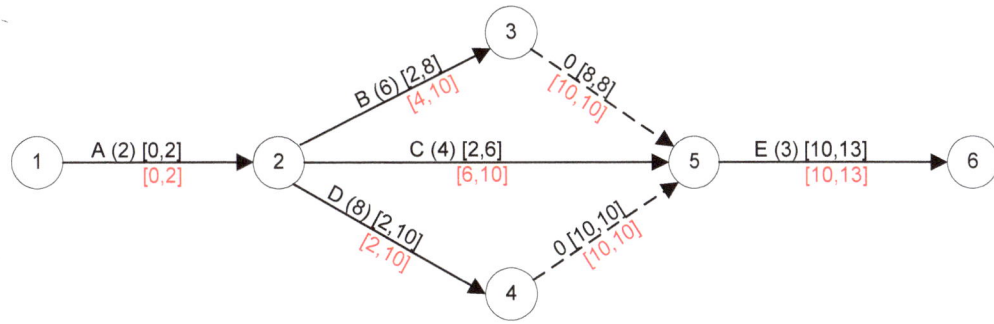

Cálculo de las holguras: Es importante destacar que a las actividades ficticias no se le calculan holguras.

Actividad	Holgura Total	Holgura Libre
A (1,2)	0	0
B (2,3)	2	2
C (2,5)	4	4
D (2,4)	0	0
E (5,6)	0	0

Quedaría por determinar **la Ruta Crítica y el valor total del proyecto.**
El **valor tota**l de este proyecto es de 13 días.

Como puede apreciarse las actividades B y C tienen holgura, por tanto no forman parte de la Ruta Crítica. Cabe señalar que si analizamos la red en términos de los pares ordenados y somos consecuentes con el concepto de ruta crítica como el camino de mayor duración de principio a fin de una red dada, la Ruta Crítica sería el camino formado por los pares ordenados (1,2)-(2,4)-(4,5)-(5,6). Sin embargo al ser la actividad (4,5) una actividad ficticia esta no se incluye dentro la Ruta Critica. Entonces la **Ruta Crítica** quedaría formada por las actividades A-D-E

Poniendo toda la información en forma tabular se obtiene el programa de actividades tal y como se muestra en la tabla No. 2.

Tabla No 2: Programación de actividades para el proyecto del ejemplo 4.

Actividad	Primer Comienzo (PC)	Primera Terminación (PT)	Último comienzo (UC)	Última terminación (UT)	Holgura Total (HT)	Holgura Libre (HL)	¿Actividades de la Ruta Critica?
A (1,2)	0	2	0	2	0	0	Si
B (2,3)	2	8	4	10	2	2	No
C (2,5)	2	6	6	10	4	4	No
D (2,4)	2	10	2	10	0	0	Si
E (5,6)	10	13	10	13	0	0	Si

A continuación se presenta un resumen de los principales pasos a tener en cuenta para el cálculo de la Ruta Crítica que puede ser utilizado en la planeación, programación y control de proyectos.

1. Elaborar una lista detallada de las actividades que conforman el proyecto.
2. Determinar las relaciones de precedencia entre las actividades y su duración.
3. Trazar la red de actividades utilizando cualquiera de los métodos estudiados.
4. A partir de la red y teniendo en cuenta los tiempos estimados para cada una de las actividades determinar el calendario temprano utilizando para ello las expresiones matemáticas enunciadas con anterioridad comenzando por la(s) actividad(es) inicial(es)y recorriendo todos los caminos de la red hasta llegar a la(s) actividad(es) final(s). Recuerde que el primer comienzo de la(s) actividad(es) inicial(s) es cero y la primera terminación más larga de la(s) actividad(es) final(s) marca la duración total del proyecto.
5. A partir del tiempo de terminación más largo obtenido en el paso 5 en la(s) actividad(es) final(s), dígase el tiempo de duración total del proyecto, determinar el calendario tardío utilizando para ello las expresiones matemáticas enunciadas con anterioridad. Recuerde que el calendario tardío se determina en sentido contrario es decir de la(s) actividad(es) final(s) hacia la(s) inicial(s).
6. Calcular las holguras para cada una de las actividades a partir de sus expresiones matemáticas. Recuerde que puede existir holgura total sin que exista holgura libre, pero siempre que haya holgura libre tiene que haber holgura total.
7. Determinar las actividades críticas como aquellas donde no exista holgura.
8. Determinar la Ruta Crítica partiendo de que es el camino más largo de principio a fin de la red formado por actividades críticas. Recuerde que pueden existir en una red más de una ruta crítica, pero que no necesariamente todos los caminos críticos son ruta crítica.

Programación de proyectos con tiempos inciertos de las actividades.

Es necesario señalar que en aquellos proyectos nuevos o únicos la estimación de los tiempos de las actividades puede ser considerablemente difícil dado que, no se tiene experiencias, ni datos históricos que proporcionen estimaciones precisas de los mismos. Tal y como se planteó con anterioridad la técnica PERT se desarrolló, precisamente, con el objetivo de incluir la incertidumbre en la determinación de los tiempos de las actividades. De hecho, los tiempos de las actividades son inciertos en muchos casos y la mejor manera de describirlos es mediante un intervalo de valores posibles, y no mediante un valor específico. En estos casos los tiempos inciertos de las actividades se tratan como variables aleatorias con distribuciones de probabilidades asociadas. El PERT implica la estimación de tres tiempos de duración para cada actividad.

Tiempo optimista (mínimo) denotado por t_o: Es el tiempo que tardamos en realizar la actividad en las condiciones más favorables posibles, sin que surjan imprevistos, es decir si todo marcha de manera ideal.
Tiempo más probable(moda) denotado por t_m: Es el tiempo con más probabilidad de una actividad en condiciones normales.
Tiempo pesimista (máximo) denotado por t_p: Es el tiempo que tardamos en realizar la actividad cuando se afrontan demoras considerables, es decir en medios de problemas que pueden haber sido previsto o imprevistos.

Basándose en la experiencia, las estimaciones de tiempo con frecuencia exceden el tiempo más probable. Esto ocasiona una distribución que se inclina a la derecha identificándose con la distribución de probabilidades BETA. Es decir se supone que la duración del tiempo de cada actividad es una variable aleatoria que sigue una distribución BETA. Para poder calcular la Ruta Crítica debe convertirse la red PERT a una red de tiempos contantes, entonces, debe calcularse la duración media de cada actividad (Valor esperado de la duración de cada actividad). Lo anterior equivale a calcular la media de la distribución BETA, la cual se calcula mediante la siguiente expresión y denotaremos por t.

$$t = \frac{to + 4tm + tp}{6}$$

Con tiempos inciertos en las actividades es necesario utilizar la varianza para describir la dispersión o variabilidad en los valores de la actividad, la cual se calcula mediante la siguiente expresión.

$$\sigma i = \left[\frac{tp - to}{6}\right]^2$$

Una vez que se tienen los tiempos esperados para cada actividad se procede a aplicar el algoritmo para el cálculo de la Ruta Crítica.

Al realizar los cálculos de la Ruta Crítica, se consideró que los tiempos eran fijos es decir se consideraron los tiempos esperados como si fueran tiempos deterministas. Sin embargo es necesario considerar la incertidumbre en los tiempos de cada actividad determinando el efecto de esta incertidumbre o variabilidad sobre el tiempo total que se requiere para terminar el proyecto.

Al igual que las actividades de la Ruta Crítica determinan el tiempo total esperado de terminación del proyecto, la variación de las actividades de la Ruta Crítica puede ocasionar variaciones en el tiempo total que se requiere para terminar el proyecto.

Si esto es así, entonces se debe determinar el tiempo medio y la desviación estándar de la Ruta Crítica, o sea de todo el proyecto.

El tiempo total esperado de terminación del proyecto viene dada por la suma de los tiempos esperados de de las actividades de la ruta crítica, de la forma siguiente:

$$E(t) = \sum_{i \,\in\, ruta\ crítica} ti$$

Donde E(t) Valor esperado del tiempo total de terminación del proyecto.

De manera similar, la desviación estándar del tiempo total necesario para acabar el proyecto está dada por la raíz cuadrada de la suma de las varianzas de las actividades de la ruta crítica, de la forma siguiente.

$$\sigma t = \sqrt{\sigma_i^2} \quad i \in Ruta\ Critica$$

Como puede apreciarse el método PERT da una respuesta estadística a la pregunta de cuándo terminar el proyecto.

Todo lo anterior parte del supuesto de que el tiempo total de terminación del proyecto sigue una distribución Normal de probabilidades. Este supuesto se basa en el teorema central del límite, en el cual nos asegura que la suma de los tiempos aleatorios tiende a una distribución normal bajo condiciones más bien generalizadas.

Como conocemos el promedio y la desviación típica de la distribución normal de los tiempos de terminación del proyecto, es posible calcular la probabilidad de que el proyecto termine en una fecha dada. Para ello se estandariza la variable normal de la forma siguiente:

$$z = \frac{x - \mu}{\sigma}$$

Luego se busca Z en la tabla de la distribución normal y con ello se determina la probabilidad.

Para proyectos que tienen actividades con tiempos inciertos, la probabilidad de que el proyecto pueda terminar en o hacia una fecha especificada es información útil para las personas que planean, programan y controlen proyectos. Sin embargo, se debe recordar que tal estimación de probabilidades se basa sólo en las actividades de la Ruta Critica, por tanto si el tiempo de terminación de algunas de las actividades que no pertenecen a la ruta critica es más prolongado de lo esperado , puede original que una ruta que originalmente no fue crítica se convierta en crítica y de esta forma se aumente el tiempo de terminación del proyecto, por lo que requiere un control exhaustivo del comportamiento real del tiempo de ejecución de estas actividades para emprender alguna acción correctiva.

A continuación se presenta un ejemplo donde se ilustra la aplicación del método PERT.

Ejemplo 6: En la siguiente tabla se muestran los datos relacionados con un proyecto.

Actividad	Tiempo Optimista (días)	Tiempo medio (días)	Tiempo pesimista (días)
(1,2)	15	20	25
(1,3)	8	16	18
(1,4)	20	24	34
(2,3)	0	0	0
(2,4)	8	9	16
(3,4)	5	8	11

En la siguiente tabla se muestra la determinación de los tiempos medios de cada actividad y las varianzas.

Actividad	Tiempo esperado	Varianza
(1,2)	20	2.77
(1,3)	15	2.77
(1,4)	25	5.44
(2,3)	0	0
(2,4)	10	1.77
(3,4)	8	1

A continuación se presenta la red de actividades y el cálculo de la ruta crítica

Figura 6.1.

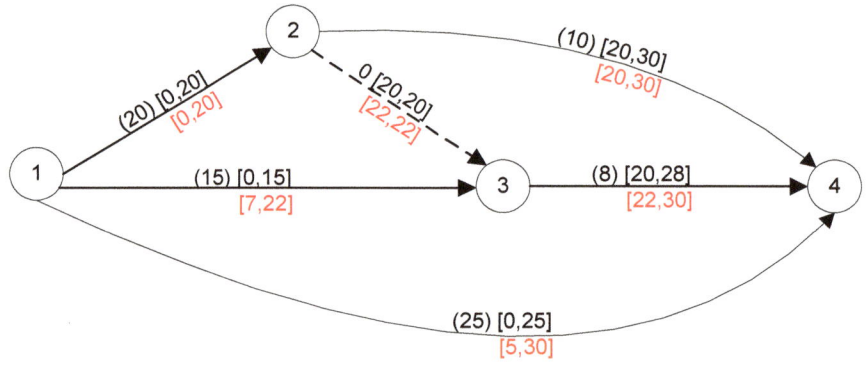

Actividad	Holgura Total	Holgura Libre
(1,2)	0	0
(1,3)	7	5
(1,4)	5	0
(2,3)	2	0
(2,4)	0	0
(3,4)	0	0

La **Ruta Crítica** está formada por las actividades (1,2) y (2,4)
La duración esperada del proyecto es de 30 días
La desviación estándar es de 2.13 días.

Nótese que como la duración total del proyecto está dada por la suma de los tiempos esperados de las actividades que forman la ruta crítica y partiendo del supuesto que sigue una distribución normal. La probabilidad de que el proyecto termine en 30 días es de un 50%.

A modo de resumen se puede concluir que cuando existe incertidumbre en los tiempos de estimación de las actividades que conforman un proyecto se debe aplicar el método PERT que consta de los siguientes pasos:

1. Estimar tres tiempos para cada una de las actividades. Un tiempo optimista (mínimo), un tiempo promedio (medio) y un tiempo pesimista (máximo).
2. Determinar el tiempo esperado y la varianza para cada actividad utilizando para ello las fórmula de la distribución BETA
3. Utilizando el tiempo esperado como si fuera un tiempo fijo aplicar el algoritmo para el cálculo de la ruta critica.
4. El valor esperado para la terminación del proyecto se determina mediante la suma de los tiempos esperados para las actividades de la ruta crítica.
5. La desviación estándar del proyecto viene dada por la raíz cuadrada de la suma de las varianzas de las actividades que forman la ruta crítica.
6. Partiendo del supuesto de que el tiempo de terminación del proyecto sigue una distribución normal de probabilidades pueden utilizarse procedimientos estadísticos para determinar la probabilidad de que el proyecto termine en una fecha dada.

Intercambio entre costo y tiempo.

Quienes originalmente desarrollaron el método CPM ofrecieron la posibilidad de añadir recursos en actividades seleccionadas con la intención de reducir los tiempos de terminación de esas actividades y con ello del proyecto completo. Por lo general la utilización de recursos adicionales como por ejemplo trabajadores, horas extras, etc., ocasionan incremento en los costos de los proyectos, es por ello que la reducción de asignar mas recursos, para reducir el tiempo de las actividades, debe tomar en consideraciones las afectaciones que esto trae en términos de incremento de costos.

El método CPM para programación de proyectos utiliza una función de tiempo-costo para cada actividad

La actividad puede terminar en menor tiempo en forma proporcional si se incurre en mayores costos. Para expresar esta relación supuestamente lineal entre el tiempo y el costo se dan cuatro cifras tal y como se muestra en la figura anterior: tiempo normal, costo norma, tiempo límite y costo límite.

La red del proyecto se resuelve inicialmente utilizando los tiempos y los costos normales. Si el tiempo de terminación del proyecto es demasiado largo, es posible terminar el proyecto en menor tiempo y mayor costo. Sin embargo para cualquier tiempo dado de terminación del proyecto que sea inferior al tiempo normal existe un gran número de posibilidades en la red, cada uno con un costo diferente. Para redes pequeñas se puede utilizar el enfoque de ensayo y error para tomar este tipo de decisión. Sin embargo, en redes de mayor tamaño se requiere un procedimiento matemático para determinar las decisiones óptimas sobre reducción Todas estas posibilidades se pueden evaluar mediante un problema de programación lineal, dado que el problema de PL puede encontrar la solución que representa el costo total mínimo para cualquier fecha de terminación del proyecto.

Propuestas de ejercicios

Ejercicio 1: A continuación se le ofrece información sobre las actividades de un proyecto. Determine la ruta crítica y la duración esperada del proyecto.

Actividad	Duración (en semanas)				Actividad	Duración (en semanas)		
	T_o	T_m	T_p			T_o	T_m	T_p
(1,2)	7	8	9		(4,5)	7	8	9
(1,3)	3	4	5		(5,6)	5	6	7
(2,4)	3	4	5		(5,7)	9	10	11
(2,6)	9	10	11		(6,8)	9	10	11
(3,4)	5	6	7		(7,8)	3	4	5
(3,7)	5	6	7					

a) Cuál es la desviación estándar del proyecto
b) Cuál es la probabilidad de que el proyecto se termine en 38 semanas

Ejercicio 2: Considere la siguiente información relativa a las actividades que componen un proyecto

Duración en semanas					Duración en semanas				
Act.	Antecedentes	Opt	Medio	Pes.	Act.	Antecedentes	Opt.	Medio	Pes
A	B	1	2	3	E	C,D	2	3	4
B	-	1	3	5	F	B	3	5	7
C	D,H	2	4	6	G	E	1	3	5
D	A,F	1	2	3	H	A	2	4	6

a) Construir el diagrama de las actividades por el método de nodos y calcular la ruta crítica y la duración estimada del proyecto.
b) Diga cuál es la probabilidad de terminar el proyecto en no más de dos días después de la duración estimada del proyecto. Si existe más de una ruta crítica tomar debe la que tenga mayor desviación típica.

Ejercicio 3: Se ha preparado un informe de personal recomendando un cambio en la hoja de cuentas. Se quiere la coordinación entre varios departamentos, en seguida se da la red estimada para la revisión. Los tiempos que se muestran (en días) son el optimista, el más probable y el pesimista respectivamente.

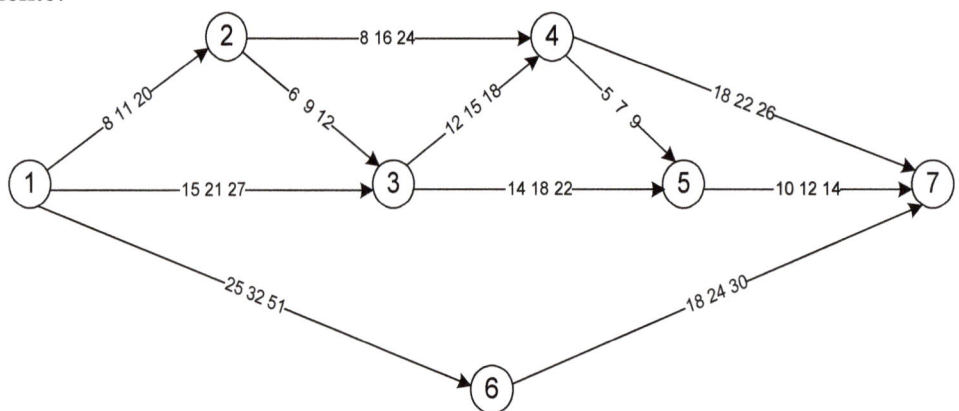

a) Encuentre el tiempo medio de cada actividad. Cual es la ruta crítica y la duración total del proyecto.
b) Encuentre la desviación estándar para el tiempo de terminación del proyecto. Sugerencia: si existe más de una ruta crítica seleccione la que tenga mayor desviación estándar.
c) Diga cuánto durará el proyecto si tiene 95 % de confianza.

Ejercicio 4: Una debilidad del PERT es que solo usa la ruta critica para determinar la desviación estándar del tiempo de terminación del proyecto. Esto puede conducir a estimaciones de probabilidad más que optimistas. Considere la siguiente red (tiempo en semanas).

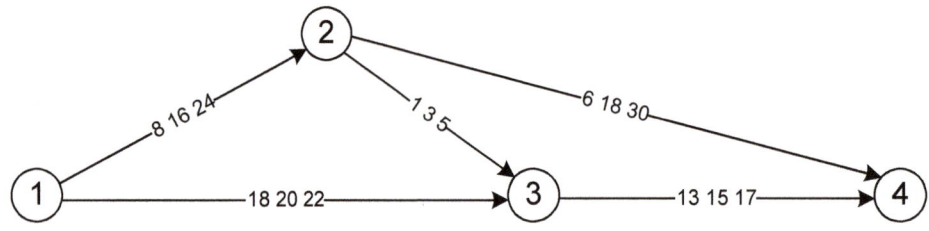

a) Encuentre la ruta crítica.
b) Con la ruta crítica encuentre la probabilidad de que el proyecto termine en 37 semanas.
c) Encuentre la media y la desviación estándar de la ruta (1,2), (2,4) A lo largo de esta ruta, cual es la probabilidad de terminar en 37 semanas.
d) A que conclusión se llega partiendo de (b) y (c).

Solución a los ejercicios de autoevaluación

Ejercicio 1:
Tiempo esperado de duración del proyecto, 36 semanas.
Ruta crítica: (1,2), (2,4), (4,5), (5,6), (6,8)
La probabilidad es de 0.99, o sea, del 99%.

Ejercicio 2
Tiempo esperado de duración del proyecto, 20 semanas.
Rutas críticas: (B, F, D, C, E, G) y (B, F, D, E, G)

Ejercicio 3
a) Rutas críticas:(1,2) (2,3) (3,4) (4,7) ; (1,3) (3,4) (4,7) y (1,6) (6,7). Duración esperada del proyecto 58 días.
b) Desviación estándar del tiempo de ejecución del proyecto: 4.77 días
c) El proyecto se estima que dure 65.87 días

Ejercicio 4
a) Ruta crítica [(1,3) ;(3,4)]
b) $Prob = 0.9834$
c) De la ruta [(1,2) ;(2,4)]
   Duración total 34 semanas
   $\delta_T = 4.80\ semanas$
   $Prob = 0.7324$
d) Existe una mayor probabilidad de que el proyecto termine en 37 semanas por la ruta crítica, es más optimista la estimación de probabilidad a través de la ruta crítica.

Bibliografía:

- Anderson, D; Sweeny, J; Willians, T: *"Introducción a los modelos cuantitativos para administración"*. Editorial Grupo Iberoamericana S. A. México.
- Gallagher, Ch; Wats on, H: *"Modelos Matemáticos para la toma de decisiones en Administración"*. McGraw-Hill. México.
- Shroeder, Roger G: *"Administración de Operaciones. Toma de decisiones en la función de operaciones"*. Tercera Edición. Mc Graw-Hill. México.

www.ingramcontent.com/pod-product-compliance
Lightning Source LLC
Chambersburg PA
CBHW050436180526
45159CB00006B/2554